行動するのに
理由なんて
いらねぇんだよ

高橋歩 著

高橋歩の
仲間と夢を

叶えるための

鉄板メソッド

1 夢を描く

IMAGE

- まずは、「憧れる人たちの脳みそ」を盗む。
- 「視界」をカラフルにするために。
- 「スタート」は、何歳からでもOK！
- 自分らしさよりも、「鳥肌」を大切に。
- おっ！ と思ったら、まず、「連絡」してみる。

2 走り始める

- まずは、「ひとり」で始めよう。だから仲間が出来るんだ。
- 夢は、「口に出し続ける」と強くなる。
- 「なんでも出来るリーダー」なんて、目指す必要ない。
- 仲間と「想いを共有する」ために。
- 「資金」がないと始まらない！ 資金調達マニュアル！
- ポジティブでもなく、ネガティブでもなく、リアルに「お金」を見る。

NEVER GIVE UP

- ビビったときの「テンションの上げ方」
- 「失敗が満員御礼」の法則
- プライドは捨てるが、「美学」は守る。

3 乗り越える

GOAL 4

夢を叶え、次へ

・「よっしゃー！夢が叶った！」その後に。

ごちゃごちゃ
言うな。
やればわかる。

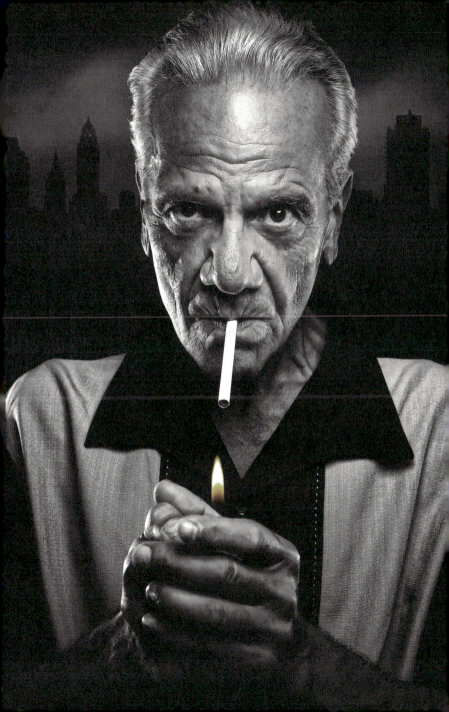

行動するのに
理由なんて
いらない。

夢を描く

MAGE

1
IMAGE
夢を描く

まずは、「憧れる人たちの脳みそ」を盗んじゃおう。

まずは、「夢が叶う脳みそ」を創ることから始めようか。

よくさ、夢を叶えたり、ビジネスで成功したいなら、
常識にとらわれるなとか、常識を壊せ！とか言うじゃん。

そもそもさ、常識ってなに？

って想ったので、とりあえず、辞書を開いてみたんだけど、
【常識：健全な一般人が共通に持っている、または持つべき、
普通の知識や思慮分別】

なんて書いてあって・・・。

健全な一般人？
普通の知識？？
WHAT？

マジ、意味不明だよね。

常識を

結局のところ、常識なんてのは、
社会に、「これが人類の常識です！」って
与えられてるものではなくて、
ひとりひとり、誰もが勝手に、
自分の半径数メートルにいる人たちとの
共通認識から、
無意識のうちに創っているものだよね。

で、その常識っていわれるルールに縛られ、
その範囲内で、物事を考えるようになっているんだ。

疑え!!

でもさ、ここで疑ってみてほしいのは、
自分の半径数メートル内にいる知り合いたちは、
みんながみんな、自分が憧れたり、
すごい夢を叶えまくったりしているような
人たちなのかな?

**自分が今、身につけている常識は、
本当に夢を叶えるために
最適なモノに仕上がっているのかな?**

オレはね、もろに、フツーの学生だったから
まわりに成功したり、夢を叶えまくっている人なん
て、当然いなかった。
自分を筆頭に、夢に挑戦したことがない奴らばかり
だったんだよね。

**でもさ、そんな中で創った
常識で生きていたら、そもそも
「夢なんて、挑戦しないのが常識です」
ってなっちゃうじゃん？**

そんな常識の中で闘っても、勝てるわけないよな。

オレは、学生の頃、
このままじゃ、マズイくない？ って、気付いてさ。

自分が、「この人、マジ、リスペクト！」
「こうなりたい！」と想う、
歴代の偉人たちの自伝やマンガを読み漁って、
この考え方、アツい！
ってモノを、自分の常識に取り入れていこうって
想ったんだ。

どうせだったら、自分が、カッコイイ！と
想っている人たちから、
素敵な考え方を、さんざん盗みまくりながら、
自分の常識を創った方が、
自分もそうなれる最短の方法じゃない？
って想ってさ。

成功している人たちとの
共通認識で創った常識であれば、

「成功するのが当たり前」になるでしょ。

オレは、今までいろんな夢に挑戦してきて、
たくさんの失敗と、いくつかの成功を経験してきた。

で、今、オレのまわりには、
メチャクチャ面白い成功の体験者が、
いっぱいいるんだけど、話を聞いてみると、
やっぱり、みんな、そうだもん。

若い頃は、「健全」で、「普通」な常識に
洗脳されていたけど、
憧れるカッコイイ人たちのマネから始めて、
自分なりに、自分の脳みそを創ってきたんだ。

あらためて、常識なんてのは、
みんなに共通のモノじゃなくて。

憧れる人の
脳みそを盗みながら、
自分なりに
創り上げていくモノだよな、
って想う。

この本では、オレがリスペクトする
歴代のレジェンドから、
影響をモロに受けたエピソードなども
いくつか紹介しながら、
オレがどうやって、自分なりの常識を創ってきたか。
そんなことも、なるべく具体的に書いていくので、
使えたら使ってみて。

1
IMAGE
夢を描く

「視界」を
カラフルにするために。

人間って、同じ場所で、同じ景色を見ていても、
実際に見えているものが、人によって全然違うんだ。

興味があるもの、大好きなものがいっぱいある人の方が、
世界がカラフルに見えるんだよね。

世の中には、楽しく生きている人とそうじゃない人がいるけど、
意外と、そういうところに、大きな違いがあるんだと想う。

例えば、俺は、もともと、「木」っていうものに、
まったく興味がなかったんだけど、
木の上の家を創る人、
ツリーハウス・クリエイターのコバさん（小林崇さん）と出逢い、
一緒に過ごしたのをきっかけに、
「木」が視界に入ってくるようになったんだよね。

不思議なんだけど、なんか突然、
この地球上に木が増えたような気がしてさ。
「おっ、あの木いいね、あっ、この木も面白い・・・」なんて、
どこを歩いていても、木が、俺の目に飛び込んでくるようになった。

自分の目に映っている世界って、
誰かと出逢うことで変わるみたい。

人間は、脳みその中で、無意識に、
自分の目に映るものをコントロールしているんだ、
たぶん。

だから、これからも、
**アンテナを全開にして、
新しい人、新しい世界に
いっぱい出逢って、
自分の目に映る世界を、
どんどんカラフルに
していきたいな、** って想ってる。

自分の頭の中で、楽しいもの、
面白いもの、美しいもの、
変なものたちが、
いつも、ぴょこぴょこと
自由にダンスしまくっている感じ？
そういう感じで、ずっと生きたいな。

1
IMAGE
夢を描く

「スタート」は、何歳からでもOK！

ツリーハウスクリエイターのコバさんからもらった、
インスピレーションを、もうひとつ。

若いうちに夢を見つけろ、とか、
いつまでもフラフラしてちゃダメでしょ、とか、
もう、そんな年なんだし・・・とか言う人がいるけど、
夢を描いて走り出すのに、年齢なんて、まったく関係ないよね。

例えば、コバさんが、
ツリーハウスという夢＝表現手段に出逢ったのは、
30歳を過ぎてからでさ。

20代、フラフラしていた頃、よく、いろんな人に、
オマエも、そろそろ、ちゃんと働かないとまずいだろ。
なんて、言われたけど。
今考えると、あの頃、放浪しながら見た風景、感じた希望や絶望、
出逢った人たちの美しさや汚さ・・・。
そういうものが、今の作品作りの原点になってる。
あの時間がなかったら、今、
多くの人がすげぇって言ってくれるような、
心あるツリーハウスは作れなかったと思うんだ。

って、よく、言っててさ。

自分のやりたい仕事に出逢うのは、
30代でも、40代でも、全然遅くない。

**何歳であろうと、
自分を表現する
方法に出逢えれば、
過去の経験のすべてが、
肥やしになる。**

そのとき、そのときは、辛いこともあるけど、
無駄なことなんて、ひとつもないんだよね。

これが、将来、役に立つか。
何の意味があるのか。
そんな、目先のことに捕らわれず。

**自分の心の声に従って、
ワクワクセンサーに
導かれるままに、
ガンガンで突っ走るべし。**

その先で、なにかひとつ。
自分の夢、愛する表現手段を見つければ、

**すべての過去は、
「最高の経験」と
呼ばれるようになるし、
すべての痛みは、
「最強の肥料だった」と
呼ばれるようになるからさ。**

1
IMAGE
夢を描く

自分らしさよりも、
「鳥肌」を大切に。

オレ、自分の「自分らしさ」なんて、よくわからないし、
そんなもんがあるとしても、「マジ、いらね！」って想う。

自分探しじゃないけど、
生まれ持っての性格とか、キャラとか、
そんなもん、気にしてもしょうがなくない？

性格なんて、どんどん変えられると想うし、
自分自身で創っていけるものだと想う。

人間、生まれた時は、
みんな雑魚じゃん？
自分がなりたい人間像を
描いて、最初は、
それを演じればいい。

本当の自分がどうこうとか考えることもなく、
理想の自分を、前向きに演じ続けていると、
知らぬ間に、本当に、
そういう自分になってしまうものなんだ。

ゆっくりと、ふんわりと、
理想の自分に、
今の自分を寄せていく感じかな。

よく言うじゃん。
大きなウソも、つき続けると、
本当になる、って。

自分らしさ？ 等身大？

そんなものを意識し始めると、
いろんな無駄な制限を、自分に課しちゃうよね。

「自分はこうだ」なんて決めちゃったら、逆に、成長が止まるぜ。

自分らしさなんて、周りが勝手に決めること。
どうでもいい。

「自分らしさ」なんて
気にせずに、
心の叫びに従って、
好きなことをやればいい。

人間は、生きてるあいだに、
何度でも、
生まれ変わることが
出来るんだ。

ちなみに、理想の自分を描いたり、
ワクワクしちゃう夢を見つけるための
コツがあるとすれば・・・

出来るか、出来ないかは、さておき。
なんでも出来るとしたら？

って、自分に問いかけ続けることかな。

ドラゴンボールが揃って、なーんでもできるとしたら、何をする？

って想像するクセをつけてみなよ。

「出来るか出来ないかは、さておき」

これが、ミソね。

ハマりがちだけど、
「今の自分が出来そうなこと」の
中から夢を探そうとしたって、
すげぇ！って、脳みそが
スパークすることなんて、
想いつくわけないぜ。

まずは、大きく憧れて。
そこに向かって、小さな自分を、
少しづつ、少しづつ、デカくしていけばいい。

それが、出来そうかどうか？
そんなことやって、意味があるのか？
それで、本当にメシが食えるのか？

そんなことを考えて、
立ち止まっちゃう人が多いみたいだけど・・・

そんなの知らねぇよ。
この胸のときめきが、
最強のGOサインでしょ。

で、イイんじゃないかな。

行動するのに、
理由なんていらない。

1
IMAGE
夢を描く

おっ！ と思ったら、
まず、「連絡」してみる。

オレが大好きな写真家、星野道夫さん。
アラスカに暮らしながら、心に響く、写真と文章を残した人で、
最後は、大好きな熊に襲われて亡くなるという
衝撃な人生だったんだ。

星野さんは、昔、慶應義塾大学の学生だった時、
探検部に所属していたんだけど、
そんな時、大切な仲間を、事故で亡くしてしまって。
それを機に、「人間、いつ死ぬかわからない。
やっぱり、自分は好きなことをして生きよう」って、
覚悟を決めるようになったんだ。

そんなある日、星野さんは、
神田の小さい洋書専門店でアラスカの写真集を見て、
そこで紹介されていた、シシュマレフ村という小さな村に惹かれ、
「ここに行きたい！」と想ったんだ。

そして、すぐ、そこの村長宛に手紙を書いたんだ。

「僕を、村においてください。何でもします！」

その結果、半年後に、村長本人から、
「星野さんの訪問を歓迎します」
って返事があったんだって。

ネットもない当時のアラスカは
現在でいうところの宇宙レベルだと思う。

一冊の本で魅力を感じ、
誰も知り合いのいない遠い村に、
手紙を送ったこと。

その小さな行動が、結果、星野さんと、
彼の人生のテーマであるアラスカとの始まりになったわけだ。

そのノリっていうのかな？

「これ、すごい！」って想ったら、手紙を書いちゃう。

簡単そうにみえるけど、
ほとんどの人がやろうとしないじゃん？

おっ！と思ったら、
まず、連絡してみる。
気持ちを伝えて、
自分を売り込んでみる。

できることから始める些細な行動だけど、
人生を切り開くためには、
なにげに、重要なアクションかもしれない。

「どうせ無視されるでしょ」「意味ないでしょ」なんて、
余計なことを考えず、
盛り上がった勢いのままでさ。

まわりに「そんなの無理だよ」とか「バカだなぁ」と
思われるようなことでも、
超真剣に、心を込めて、スピーディーにさ。

ビビらず、
まっすぐな気持ちを込めて。
まずは、
ジャブを打ってみること
だよね。

昔、オレがサンクチュアリ出版を始めた頃、
アントニオ猪木さんに、熱い手紙を出して、
日本最小だった出版社から、
猪木さんの本を出版することが
出来たミラクルも、そう。

とりあえず、何かを感じたら、
出来る事から行動に移すってことを、
星野さんから学べたおかげだったと想う。

走り始める
TION

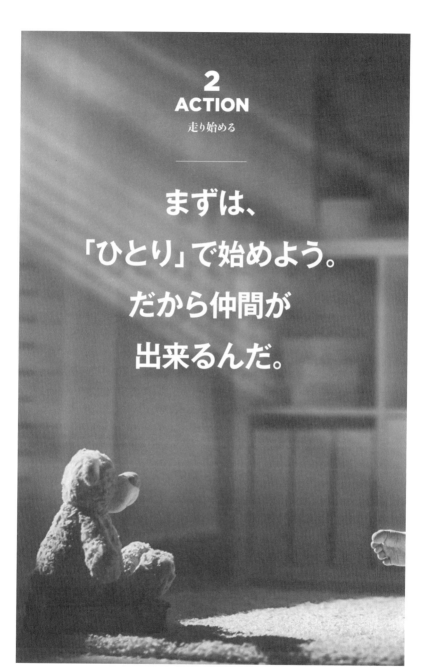

2
ACTION
走り始める

まずは、
「ひとり」で始めよう。
だから仲間が
出来るんだ。

ひとりでは、何もできないかもしれない。
でも、まず、ひとりが始めなくちゃ、何も起こらない。

仲間を探そうとするより、
まずは、自分でガンガン動きだすことだ。

まず、自分が、現場に立ち、
まわりが、「おぉー！すげぇ！」「楽しそう！」って
盛り上がるような、
テンションの高い動きを始めること。

そうすると、一生懸命に探さなくても、
「オレもやるぜ！ やりたい！」って、
勝手に、仲間が増えてくるんだ。

仲間は、もちろん大事。

でも、逆に言えば、
「オレは、ひとりでもやるけどね」
っていう奴だからこそ、
いい仲間が出来るんだと想うんだよね。

「オレは、ひとりでもやるけどね」
その覚悟は、持ってるかい？

その覚悟を胸に。

「オマエ、そこまでやるか！」
っていうくらいのことを、
まずは、一発、
かましてみよう。

実際に、ひとりで、一歩目を踏み出してみよう。

夢に賭ける「本気さ」を
放ち始めると、
まわりの空気が変わるぜ。

もうひとつ。

いい仲間と出逢うために、大切なのは、やっぱり、夢の魅力でしょ。

いい仲間に囲まれた、ルフィだって、そう。
ルフィの性格とか、能力とか、そういうことの前に、
「海賊王になる！」っていう彼の夢が、
自分にとっても、メチャクチャ魅力的だから、
仲間になりたい！って想うわけじゃん。

まずは、ひとりで、
妄想でもなんでもいいから、
おもいっきり
ワクワクしちゃう夢を描くこと。

最初は、
バカだと想われてもいいから、
その夢を、キラキラで、
周りに伝えていくこと。

すべては、そこから始まると想うな。

2
ACTION
走り始める

夢は、「口に出し続ける」と強くなる。

夢は、語るだけじゃ、そりゃ、かっこ悪いけど。

実際に、ちゃんと行動する奴らなら、
夢を語ることには、いくつもいいことがあるよね。

夢は、口に出せば出すほど、強くなるし、
実現する可能性が高まっていく。

照れることなく、遠慮することなく、
どんどん、語っていこう。

まず、いいことのひとつ目。
それは、仲間が出来ること。

**自分は、こんな夢を描いていて、
今、仲間を募集しているよ！って、
常に語りまくって、発信しまくった方がいいと想う。**

語るのも、発信するのも、基本、無料なわけだし、
失うものなんて、なにもないじゃん。

**それがきっかけで、ひとつでも、
想わぬ出逢いがあったら、
ラッキーでしょ、っていうノリでさ。**

ふたつ目は、
夢を語っていると、
素敵な情報や
アドバイスを
もらえること。

そんな夢を描いているなら、
そんなことをやるんだったら、
この人、知っている? ここに行ってみれば?
この本を読んでみれば? こんな人、紹介しようか? etc...

自分の本気さが、まわりに伝われば伝わるほど、
多くの人が、いろいろ教えてくれるようになるよ。

あとさ、自分の語った夢を聞いた人が、
「んじゃ、ここのところはどうするの?」
「これは、ここが難しいんじゃない?」って、
ネガティブな意見を言ってきたとしても、
それは、ひとつのヒントでしょ。

ネガティブな意見に対して、
強く返したり、
口論するんじゃなくて、

「そうだね。それって、
どうすればいいんだろうね？」
っていう感じで、
一緒に作戦を考えようぜ！
っていう空気を創れると、
スーパーベストだよね。

自分の中に、ブレない中心を持ちつつ、
いろいろな人、いろんな視点に触れながら、
作戦会議を繰り返しているうちに、
最初は、ふんわりと描いていた夢が、
どんどんリアルになっていくと想うんだ。

さらに、面白いのは、口に出すことで、
いい意味で、プレッシャーが掛かること。

夢を語った相手は、その次に会った時に、
「で、あの夢、どうなった？ 進んでる？」
って聞いてくるでしょ。

そこで、何も進んでいなかったら、それこそダサいから、

「言っちゃったからには、やるしかねーっ！」って、自分に、ハッパをかけれるんだよね。

自分っていうのは、弱いじゃん。
ひとりでいると、知らぬ間に、サボったり、
言い訳して、ごまかしたりするじゃん。

そういうときに、
「やるって、言っちゃったしな！」っていう
プレッシャーは、
ぶっちゃけ、パワーになると想うから、
オレは、積極的に、やるよ宣言！ するようにしてるな。

2
ACTION
走り始める

「なんでも出来るリーダー」なんて、目指す必要ない。

ひとりならいいけど、
仲間で、チームで、夢を叶えるために、
すごく重要なのは、やっぱり、役割分担だよね。

オレの場合、なんでも出来る頼れるリーダーになろう、
なんて、想ったことはないな。

成績表で言えば、「オール5」を取っちゃうような、
器用になんでも出来るリーダーがいると、
その下には、オール4の部下が集まり、
さらに、その下に、オール3の部下が・・・
っていうチームが出来ちゃいそうだしね。

それよりも、
まず、リーダーが、
オレは、これが得意だから、
これだけしかやらない！
ただ、これだけは、
結果出すから任せとけ！
って、宣言してさ。

あとは、人間として終わってる変人だけど、
これをやらせたら、神！っていう奴らが集まって、
それぞれ、本人の得意なことだけやって、
結果を出してもらう。

成績表で言えば、5段階評価なのに、
これだけは天才過ぎて、7とっちゃう！
でも、あとは、すべて1！下手すれば、ゼロ！
みたいな人が、得意なことだけやるんだから、
そりゃ、結果でやすいでしょ。

リーダーとしては、
ひとりひとりの仲間たちの結果を合わせたら、
全体として、求める結果が出るように。

「ひとつのきれいな円」をイメージして、
能力が重なったり、欠けることのないように、
チームを組むようにしているかな。

あとは、リーダーとして、上司として、
部下のモチベーションを上げるために、
どうすればいいか・・・？
なんて聞かれることあるけど、
そんなことは、考えたことないな。

**もともと、やる気とか
モチベーションって、
自分の中から
湧いてくるモノだし、他人に、
どうこうされるものじゃなくね？**

無理に、他人のモチベーションを上げたり、
下げたりしようとするのは、
なんか、その人に、失礼な気がするしね。

だから、オレの場合は、常に、

**辞めたかったら、辞めてOK！
自分として、やりたい！って
想っている人、
やる気マンマンな人だけで
やろう！**

って、割り切っているし、
みんなにも、日々、そう言ってるね。

2
ACTION
走り始める

仲間と「想いを共有する」ために。

仲間と、チームを組んで、夢を叶える時、
夢へのテンションやワクワクを共有できるか？
やっぱり、それは、メチャクチャ大事なことだよね。

だから、オレの場合、誰と組むかを決めるときには、
その人のスキルや経験も、もちろん大事だけど、
その前に、自分のワクワクをどれだけ共感してくれるか？
その夢が叶った瞬間を一緒に妄想するだけで、
どれだけ、テンションを上げてくれるか。

その人が、ベースに持っているフィーリングみたいなものを、
まず、見ているね。

こいつとは、一緒に出来る！っていう仲間ができたら、
オレは、夢や想いを共有することに、
すごく、多くの時間と、エネルギーを注いでるな。

一緒に目指す夢の内容を、
しっかり語る、伝えるっていうのは、大前提だけど、

**夢を共有する手段は、
言葉だけじゃないよね。**

雑誌の切り抜きや、
ネット上から集めてきたイメージ写真を、
いっぱい見せたりとか・・・
この映画のこのシーンみたいな・・・
このマンガのこのキャラみたいに・・・
この曲みたいな・・・

って、**音楽や映画や
マンガなどを駆使して、**
共有したい夢やワクワク感を、
言葉に出来ないイメージ
みたいなものまで、
しっかりと共有しようとするね。

あとは、いっしょに、うまい酒を飲みながら、
互いの今までの人生や、
これから描いている人生について、
いっぱい話して、いっぱい聞くね。

せっかく、一緒にやるんだから、
なるべく多くのことを共有して、
人生を、魂を、重ねていこうぜ！って想うしさ。

もちろん、一緒に夢を追う仲間だからといって、
一生、共に過ごすわけじゃないかもしれないけど。

お互いの人生にとって、あいつと一緒に頑張っていた時代は、人生のベスト3に入るくらい、素晴らしかったな、って。

死ぬときに、互いが、
そう想えるような
時間を過ごせたら、
めっちゃ、サイコーだよね。

2
ACTION
走り始める

資金がないと、始まらない！資金調達マニュアル！

**何か新しいことを
始めようとする場合、
たいてい、
最初にぶつかる壁は、
お金だよね。
一番ハードではあるが、
一番わかりやすい部分。**

その夢を叶えるために、
とにかく、いくら必要なのか？
まず、それを明確にしたうえで、
集めるためにやれることをやっていこう。

まずは、自分の場合、夢を叶えるために、必要な金は、いくら？

既にやっている人や
近いことをしている人たちの情報を、
ネットや本で調べたり、スクールに行ったり、
可能ならば本人に聞いたりしながら、
必要なお金をリストアップしてみよう。

必要な金額が見えてきたら、あとは、資金を集めるのみ！

もちろん、○年計画を立てて、
じっくり、貯めていくのが王道だし、
それが一番、健全。
でも、オレもそうだったけど、
「借金してでも、今、始めたい！
すぐに始めたい！」という人に向けて、
無一文、未経験、コネなしの人でもやれそうな、
資金集めの方法をいろいろ書いてみたので、
参考にしてみて！

・国から借りる（日本政策金融公庫）

略して、日本公庫。
国が運営する金融機関で、
新しく仕事を始めるときの開業資金も融資している。
全国に152支店がある。
ちなみに、オレは、20歳で自分のお店をやろうとした頃、
これを知らなかった！知っていれば、使ったのに…。
今、オレの周りでも、何かを始めようっていう人は、
日本公庫を使っている人、多いね。
まずは、下記のサイトを見て、近くの日本公庫の支店を調べて、
相談しに行ってみよう。
相談は無料だし、深く考えず、とりあえず、GO！で。

【日本政策金融公庫】https://www.jfc.go.jp/

・友人知人に借りる

もちろん、親や親戚から借りれる人は、それもいい。
ただ、オレの場合は、親から借りずにやりたかったので、
お店を始めるときも、出版社を始めるときも、
友達や先輩にお金を貸してもらって、始めたね。
友人知人にお金を借りるときに注意していたことは、
主に3つかな。

1
「ウソをつかないこと」

これはあたりまえなんだけど、どうしても、
貸して欲しいという気持ちが走って、小さなことでも、
思わず、ウソをついちゃうところって、人間、
誰しもあったりするんじゃないかな？
でも、それは、すべての信頼を壊すことになるので、
絶対にナシ、って決めてた。

2
「確実に返せる理由を書くこと」

もちろん、自分の始める仕事で、
ちゃんと稼いで返済するのが基本だし、
そのつもりでやるんだけど、オレの場合は、
「万が一、店や出版社が、うまくいかなかったときは、
日雇い労働でも、水商売でも、なんでもして、
絶対に返済します」って言って、借りてた。
オレに、お金を貸してくれた人たちは、
「この仕事は、うまくいくから大丈夫って言われても
心配だったけど、うまくいかなくても、こうやって返すって、
あゆむが言ってたから、なんか、信用出来たな」って
言ってくれる人がすごく多かったな。

3
「借用書を渡すこと」

これもあたりまえだけど、いくら仲がいい友達でも、
お金のことを、口頭だけにするのは、トラブルの元。
金額、返済期日などを書いて、印鑑を押した借用書を作って、
しっかり渡すのは、最低限の礼儀だね。
もちろん、自分自身も、
コピーを大切に保存しておくのを忘れずにね。

・クラウド・ファンディングを使う

主にネット上で、多くの人からお金を集める仕組みで、
最近では、日本でも定着しつつあるね。
オレも、何かを始めるとき、何度も使っているよ。

有名なところでは、「READY FOR」(レディーフォー)、
「CAMPFIRE」(キャンプファイアー)などがあるので、
まずは、それぞれのWEBをのぞいてみよう。

仕組みや使い方が、わかりやすく、解説されているからさ。
クラウドファンディングは、基本、
集まったお金から手数料を引かれるだけなので、
最初にお金を払うリスクもないし、ぜひ、使ってみて欲しいね。

・高額バイトで稼ぐ

治験バイトと呼ばれる薬物実験(?)のバイト、
マグロ漁船、水商売系、などなど、
短期間で一気に稼げるバイトをやるのも、方法のひとつ。

治験バイトはオレもやったけど、
特に、副作用などもなかったし、今も健康。

ネットで、「高額バイト」「裏バイト」「やばいバイト」等の
キーワードで検索してみると、特殊清掃員、いのしし狩り、
髪の毛売りやらなんやら、いろいろ出てくるので、
見るだけ、見てみると面白いよ。

まぁ、言うまでもなく、ギャラが高い分、
怪しいもの、危険なものもあるだろうし、
実際にやるかやらないかは、
100％自己判断でよろしく。

・持ち物をすべて売って、
アパートを解約して、
シェアハウスや友達の家に住む

ちなみに、20歳の頃、どうやってお店の資金を集めていいのか、まったく不明だったオレは、まず、ここから始めたな。

2
ACTION
走り始める

ポジティブでもなく、ネガティブでもなく、リアルに「お金」を見る。

もうひとつ、お金の話。

オレも、いろんな仲間と、いろんな夢を追ってきたけど、
やっぱり、トラブルの元になるのは、
お金のことが、圧倒的に多かったもんな。

お金のことについては、
何冊でも本が書けるくらいあるけど、
自分の経験上、特に大事だなって想うのは、ふたつかな。

ひとつ目は、まず、仲間の間で、
取り分と、責任を、はっきりしておくこと。

うまくいった場合の取り分、
コケた場合の責任。

コケたときのことなんて考えたくないけど、
そこは、しっかりやっておかないとね。

共同経営するにしても、仲間を雇うにしても、
こうなったら、誰がいくらもらえる。
こうなったら、誰がいくら払う。
それを、口頭ではなく、書面で残すように。

まぁ、ちょっと聞くと、
あたりまえのことに聞こえるかもしれないけど、
これが、けっこう、あいまいのままに始まって、
後になってトラブルことって、リアル、多いと想うよ。

大切な仲間だからこそ、
カネの取り分と、責任については、
最初から、明確に決めておこう。

もうひとつは、これも、あたりまえだけど、

**お金のリアルを
伝えてくれる人を、
仲間に置くこと。
そして、その人と一緒に、
定期的に、リアルな数字を見て、
向き合うこと。**

うまくいっているときは、まぁ、いいんだけどさ。
うまくいかないときの方が多いし、
お金が足りなくなってくると、
精神的にも追い込まれてくるし、
ネガティブな現実から、つい目をそらしたくなって、
現実逃避しちゃうこともあると想う。

でも、
お金から逃避し始めたら、
危険だぜ。

お金の不足に限らず、たいていのヤバイことは、
すぐに対応すれば、いろいろ解決方法はあるのに、
逃避して、放っておけばおくほど、
打つ手がなくなってきて、
追い込まれてきちゃうもんね。

うまくいってないときに、お金のことを考えるのって、
憂鬱でしかないけど。
新しいことを生み出すクリエイティブな気持ちも、
なんか、失ってきちゃって、
やる気すら、消えてきちゃいそうになるけど。

そこが、勝負でしょ。
やばいときこそ、しっかり、向き合って。

**ポジティブでもなく、
ネガティブでもなく、リアルに。
まず、現実の数字を、理解しよう。**

そこからは、無理矢理でもいいから、
明るく、元気に、テンション上げてさ。
うまくいくための作戦を練り、
ノリノリで、行動に移していこう。

3 NGIV UP

乗り越える

3
NEVER GIVE UP
乗り越える

ビビったときの「テンションの上げ方」

まぁ、夢に向かって走っていれば、
そりゃ、うまくいかないときもあるよね。

っていうか、オレの場合、特に初期は、
ほぼずっと、うまくいってない状態が続くな。

そういうときに、自分を励ましてくれるのは、
やっぱり、実際に、リアルに、
やばいピンチを乗り越えて、
やり遂げた人たちの方法や言葉でしょ。

夢に挑戦すれば、ピンチなんてくるのは前提として、
それらを乗り越えた先輩たちは、どうやってクリアしていったのか。
なにが他の人と違ったから、その夢が叶えられたのか。

オレ、いろんな人の自伝フェチだから。
本やネットや映画やマンガで、
いつも、そういうの研究して、ノートにメモってて。
ピンチの時に、それを取り出して、見てるね。

仲間と、飲みの場で語り合う時も、
単純に夢を語るのではなく、
夢をすでに叶えている偉人のエピソードや、
その人がピンチな時にとった行動、
その人の名言などを話して、
自分も、仲間も、励ますようにしている。

夢を語ってるだけだと、ちょっとしたピンチで

「やべぇ。やっぱ無理だ〜」
ってなりがちだけど、

「こんなピンチは、想定済み。
で、オレたちはどうする？
実際に、オレたちのピンチより、
100倍ヘビーな状態でも、
あきらめないで突破した
先輩たちは無限にいるんだし、
オレたちにも、
絶対、出来るっしょ！」

って考えられると、パワーも湧いてくるじゃん。

「自分は、凡人だし、特に自信もないし・・・」
「好きなことで成功するのは、特別な人だけでしょ」

たまに、そんなことを言う人もいるけど、

**多くの英雄たちのリアルな過去を知れば、
それはウソだってわかる。**

**最初からすごかった奴なんて、ごく少数。
ほとんど、みんな、同じく、
最初は、ダメだった。ゲスだった。
悩んでたし、迷ってた。**

実際に、かっこいい人たちの人生を、
じっくり追いかけてみるといいぜ。

どんなにすごいレジェンドも、みんな同じ。
人生のうちに何度かは、うまくいかないことが続いて、
絶望したり、自殺を考えるくらい落ち込んでたりさ。

そこから、なんとか乗り越えて、
今があるわけじゃん。

どんなレジェンドも、
生まれついての神じゃなくてさ。
同じ人間として生まれてきて、
ダメなときもあって、悩みながら、苦しみながら、
夢のために、あがきまくってきただけなんだよね。

だからオレにとって、
憧れのレジェンドたちは、
近所の先輩みたいな感じ。
リスペクトを持ちつつ、
ライバルでもあるし、
リアルに、いろんなことを
教えてくれる年上の人たちだ。

ピンチが来るのは、
あたりまえだし、
ビビっちゃうのも、
あたりまえ。

それは、自分がダメだからとか、
仲間がダメだからじゃない。
じつは、誰もが通っている、通過点に過ぎない。
いい意味で、リラックスしなよ。

無理に、自分だけで、
解決策を考えようとせずに、
せっかく、クリアー済みの先輩たちが
いっぱいいるんだから、
どんどん研究して、
盗めるところは盗んで、
サクサクと、行動に移していこう。

3
NEVER GIVE UP
乗り越える

「失敗が満員御礼」の法則

辛くなってくると、どうしても、失敗した仲間を責めたり、
あの時こうしていればなぁ、なんて想ってしまうこともあるけど。

過去のミスや後悔をグチっても、しょうがないしさ。

「常に、今いる場所から、前を見よう。」
「光が射す方へ、ダッシュあるのみ！」

ピンチの時は、よく、自分に言ってるな。

それに、失敗は、無限に続くわけじゃないって、知ってた？

同じ失敗さえ繰り返さないように注意していれば、
いつか、失敗のネタが尽きて、
コツをつかむときが来るぜ。

人によって、コツをつかむスピードが、
早いか、遅いかの差があるだけで、
どっちにしても、うまくいくまで頑張っていれば、
必ず、うまくいくときが来るよ。

失敗する度に、
スタンプカードが
貯まってく感覚？

失敗スタンプをすべて集めたら、
もれなく、成功をプレゼント！
みたいな？

おっ、今日も失敗スタンプが
貯まったぞ！
ゴールまであと少しだ！
くらいのノリでやってれば、
OKでしょ。

成功するか？
失敗するか？
その2択じゃない。

成功するまでやれば、
必ず、成功する。
1択だぜ。

大変なときこそ、ブルーハーツでも聴きながら、
無理矢理にでも、明るく、テンション上げてさ。

ブルーになって、
落ち込んでいたら解決するなら、
オレも、どこまでも、落ち込みたいけどさ。

逃避して、放っておいたら、
より悪くなっていくだけなんだから、
堂々と向き合って、うりゃー！って元気出して、
クリアーしていくしかないよな。

傷つかない生き方なんて不可能なんだし、
どうせなら、どんどん前に進んで、
コケたり、迷ったり、流血しながら、
たまに、涙のガッツポーズしながら、

**仲間と一緒に、
再生する強さを磨いていこうぜ。**

倒れるときは、

前のめり!

七転び八起き？
甘い、甘い。

億転び、
兆起きでいこう！

3
NEVER GIVE UP
乗り越える

プライドは捨てるが、
美学は守る。

そりゃ、うまくいかないことも多くて、
我慢したり、自分を曲げなくちゃいけなかったり、
計画を変更しなくちゃいけなかったりさ。
悔しい想いをすることだって、何度もあるよね。

ただ、どんな苦しいときでも、
自分の「美学」を捨ててまで夢を叶えても、
なんの意味もないと思う。

だからこそ、逆に言えば、
夢を叶えるために
自分の美学を、はっきりさせないとね。

**死守するべき
自分の美学の境界線は
どこにあるのか？
その境界線を
しっかり線引きするのが
大事なんだよね。**

オレの場合は、すごくシンプル。

プライドは、
すぐ捨てちゃうけど、
美学は、死守する。

例えば、いろんな守りたいモノがある中で、
本当に最後まで死守するのは、

家族を傷つけるような
ことはしない。
その夢が叶った時に、
仲間と飲みながら笑って
話せないことはしない。
借りた金は、
内臓を売ってでも返す。
成功したら、すぐにリセットし、
次の挑戦へ。

そんなところかな。

本当にピンチの時でも、
この死守すべき美学の
境界線は絶対に守るけど、
逆に、それ以外だったら、
プライドなんて速攻で捨てて、
恥ずかしいことでも、ダサいことでも、
ムカつくことでも、
明るく元気に、何でもするぜ！わっしょい！
って、無敵の状態に入れるんだ。

そうなると、人間は強いよ。

4 GO

夢を叶え、次へ

OAL &
NEXT

4
GOAL & NEXT
夢を叶え、次へ

「よっしゃー！ 夢が叶った！」
その後に。

夢が叶った！
仲間と一緒に、いい酒飲んで、大喜びして。

あと、仲間以外も含めて、関わってくれた人みんなで、
その喜びを共有したいよね。

日本が誇る建築家、世界の安藤忠雄さんについて、
雑誌の記事に書いてあったんだけど、
オレの大好きなエピソードがあるんだ。

建築ってさ、
それこそものすごい人数が力を合わせないと
完成しないものを作るじゃん?
安藤さんぐらい有名になるとさ、
どれだけ多くの人間が必死になって作り上げてもさ、
世間的には安藤忠雄の作品として報じられるじゃん?
釘一本打つ人や資材運びをする人とかさ、
関わったみんながいて、建物が出来上がるんだけど、
世間には、建築士の名前だけが、発表されちゃうよね。

安藤さんは、建物が完成した時に、
建築に少しでも関わった多くの人を完成した建物に呼んで、

「この建物は、完成後、世間では、
"安藤忠雄の作品だ"って言われてしまうでしょう。
でも、みんなで作った建物であることは、
僕はわかっています。
その記念に、みなさんに最後のお願いがあります。
みんなで、1枚写真を撮らせてください」

と伝えて、みんなで記念写真を撮るんだって。

そんなエピソードを知って、
なんか素直に素敵だなぁー、って想って。
なんか、ロマンチックだよね。

そして、夢を叶えた本当のご褒美は、さらに、大きな夢を描けることだ！

自分の人生を、1本の映画としてみるとさ。
まだまだ、先は続くわけだし。
本当のお楽しみは、これからでしょ。

大事なことは、
なにを選ぶかじゃなく、
ちゃんと自分で選ぶこと。

そして、もっと大事なのは
選んだ後どう生きるか、だ。

どっちの道を選んだとしても
「やっぱり、こっちを選んでよかった！」って、
笑って言えるように頑張るのみ。

人生は、すべて、
　自分が選んでる。
だから、すべて、
　自分で変えることが出来る。

オレたちは無力だ。
だけど、無敵だ。

夢を描こう！夢を叶えよう！
って書いてきた本だからこそ、
最後に言うけど。

究極を言えばさ。

夢があろうと
なかろうと、
楽しく生きてる奴が
最強！

自由も、幸せも、成功も、
本当は、なるモノではなく、感じるモノでしょ。

まぁ、リラックスしてさ。

今回の人生を、
おもいっきり、
楽しんでこうぜ。

epilogue

ON THE CROSSROAD

人生は、楽しむためにある。

ハタチで大学を中退してから、20年間。
世の中のくだらない常識に中指を立て、
くそったれの貧乏を笑い飛ばしながら、
いつも、脳みそがスパークするままに、
大好きなことに熱中してきた。

苦しい時期が続いても心配はいらない。
成功するまでやれば、
必ず成功するのだから、
ただ、やめずに頑張り抜くのみ。

そして、
目に見える結果が出てきた途端、
すべては変わる。
周りからの評価は、180度転換する。

失敗は、「経験」と呼ばれ、
わがままは、「こだわり」と呼ばれ、
自己満足は、「オリジナル」と呼ばれ、
意味不明は、「斬新」と呼ばれ、
協調性のなさは、「個性」と
呼ばれるようになる。

周囲の反応に右往左往することなく、
自分にとって大切なものだけを、
ギュッと抱きしめて。

自分の心の真ん中にある何かを信じ、
表現を続けるすべての人へ。
心からのエールを送ります。

たった一度の人生。
好きなことやんないで、何やんだよ。

高橋歩

やるだけ
やっちまえ。

大ヒット、増刷御礼

高橋歩 著『夢は逃げない。逃げるのはいつも自分だ。』
発行：NORTH VILLAGE　発売：サンクチュアリ出版

高橋歩の言葉には

愛がある

高橋歩ぶっちゃけ語録集

日本全国3万人の若者と飲み、語らい、
ぶっちゃけてきた高橋歩のシャウトを書籍化。
普段、笑顔で優しい高橋歩も、
時には鬼と化す！！（笑）
厳しくも愛のある、
ガチでリアルなアドバイス。

夢を叶えようとする仲間や、
やりたいことを模索する後輩たちと、
マジで向き合い、飲み、語らってきた本音。
ココロが熱くなる、
ガチでリアルな言葉がここにある。

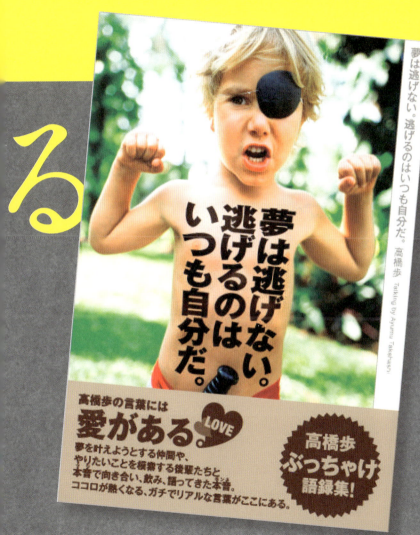

行動するのに理由なんていらねぇんだよ

2019年2月22日　初版発行

著者	高橋歩
装丁・デザイン	東京ピストル
カバー写真	RYO SAITO
絵	Paitoon Singkham
制作	金子俊彦
発行者	北里洋平
発行	株式会社 NORTH VILLAGE 〒150-0042 東京都渋谷区宇田川町34-6 M&Iビル1F TEL 03-6809-0949　www.northvillage.asia
発売	サンクチュアリ出版 〒113-0023 東京都文京区向丘 2-14-9 TEL 03-5834-2507／FAX 03-5834-2508
印刷・製本	創栄図書印刷株式会社

ISBN978-4-86113-376-3
PRINTED IN JAPAN
©2019 NORTH VILLAGE Co.,LTD.

本書の内容を無断で複写・複製・転載・データ配信することを禁じます。
定価およびISBNコードはカバーに記載してあります。落丁本・乱丁本は送料弊社負担にてお取り替えいたします。